BEI GRIN MACHT SICH IHR WISSEN BEZAHLT

- Wir veröffentlichen Ihre Hausarbeit, Bachelor- und Masterarbeit

- Ihr eigenes eBook und Buch - weltweit in allen wichtigen Shops

- Verdienen Sie an jedem Verkauf

Jetzt bei www.GRIN.com hochladen und kostenlos publizieren

Bibliografische Information der Deutschen Nationalbibliothek:

Die Deutsche Bibliothek verzeichnet diese Publikation in der Deutschen Nationalbibliografie; detaillierte bibliografische Daten sind im Internet über http://dnb.d-nb.de/ abrufbar.

Dieses Werk sowie alle darin enthaltenen einzelnen Beiträge und Abbildungen sind urheberrechtlich geschützt. Jede Verwertung, die nicht ausdrücklich vom Urheberrechtsschutz zugelassen ist, bedarf der vorherigen Zustimmung des Verlages. Das gilt insbesondere für Vervielfältigungen, Bearbeitungen, Übersetzungen, Mikroverfilmungen, Auswertungen durch Datenbanken und für die Einspeicherung und Verarbeitung in elektronische Systeme. Alle Rechte, auch die des auszugsweisen Nachdrucks, der fotomechanischen Wiedergabe (einschließlich Mikrokopie) sowie der Auswertung durch Datenbanken oder ähnliche Einrichtungen, vorbehalten.

Impressum:

Copyright © 2017 GRIN Verlag, Open Publishing GmbH
Druck und Bindung: Books on Demand GmbH, Norderstedt Germany
ISBN: 9783668499300

Dieses Buch bei GRIN:

http://www.grin.com/de/e-book/372041/ueber-das-buch-und-den-propheten-maleachi-die-bedeutung-des-buches-fuer

T. Woodpecker

Über das Buch und den Propheten Maleachi. Die Bedeutung des Buches für die Gegenwart

GRIN Verlag

GRIN - Your knowledge has value

Der GRIN Verlag publiziert seit 1998 wissenschaftliche Arbeiten von Studenten, Hochschullehrern und anderen Akademikern als eBook und gedrucktes Buch. Die Verlagswebsite www.grin.com ist die ideale Plattform zur Veröffentlichung von Hausarbeiten, Abschlussarbeiten, wissenschaftlichen Aufsätzen, Dissertationen und Fachbüchern.

Besuchen Sie uns im Internet:

http://www.grin.com/

http://www.facebook.com/grincom

http://www.twitter.com/grin_com

Inhaltsverzeichnis

1. Einleitung 2
2. Der Prophet Maleachi 2
3. Das Buch Maleachi 3
   3.1. Abfassungszeit und Situation 3
   3.2. Einordnung in den Kanon 4
   3.3. Der Aufbau und Inhalt des Buches 5
   3.4. Theologie und Botschaft des Buches 6
4. Die Bedeutung des Buches für die Gegenwart 8
5. Fazit 9
6. Literaturverzeichnis 10

1. Einleitung

Das Buch Maleachi bildet in vielen der heutigen Bibeln den Abschluss des Alten Testamentes und damit die Brück zum Neuen Testament und den Evangelien. Trotz seiner besonderen Stellung im Kanon ist die Bekanntheit des Propheten und die Auseinandersetzung mit seinem Buch nicht sehr groß. Maleachi steht, wie viele andere der kleinen Propheten, im Schatten der großen Propheten wie Jeremia oder Jesaja. Aber auch die kleinen Propheten wie Daniel oder Jona sind mit ihren Geschichten in der Regel bekannter als der Prophet Maleachi. Nichts desto trotz hat das Buch Maleachi einige beachtenswerte Inhalte, die gerade in unserer heutigen Zeit wieder neue Aktualität erlangen und eine Auseinandersetzung mit dem Buch Maleachi lohnenswert machen.

2. Der Prophet Maleachi

„Dies ist die Last, die der HERR ankündigt für Israel durch Maleachi."
Mit dieser Selbstaussage des Schreibers beginnt das Buch Maleachi. Maleachi bedeutet „mein Bote" oder nach *Maliachiah* „Bote des Herrn". Ob es sich dabei um den Eigennamen des Propheten und Autors des Schreibens handelt oder ob es sich an dieser Stelle um einen anonymen Autor handelt, eben einen Boten des Herrn, ist zunächst nicht eindeutig.[1]
Beide Meinungen sind grammatikalisch möglich und auch die Annahme eines anonymen Autors wird in der konservativen Forschung durchaus vertreten. Die Vertreter einer anonymen Verfasserschaft wie z.B. O. Kaiser sind der Überzeugung, dass Mal. 1-3 zunächst nur ein Anhang zum Sacharja-Buch war. Die spätere Eigenständigkeit des Buches beruhe auf einem Missverständnis bzw. der Identifizierung des „Boten" aus Mal. 3,1 und wurde dann nachträglich zur Überschrift des Buches. Indirekt gestützt wird diese Meinung durch die jüdische Tradition, die z.T. Mardochai oder Esra als Verfasser des Maleachi-Buches angibt.[2]
Befürworter für Maleachi als Eigennamen und somit Verfasser der Schrift führen ebenfalls verschiedene Argumente an. Das Argument, dass eine anonyme Schrift ungewöhnlich für die Bibel sei, wird zwar immer wieder aufgeführt, scheint jedoch nicht sehr schlagkräftig, da die Bibel durchaus anonyme Verfasser kennt, z.B. beim Hebräerbrief. Gewichtiger wiegt hier schon das Argument, dass ein Eigenname „Maleachi" im Hebräischen gut möglich scheint, evtl. als Kurzform eines Namens. Zudem fasst auch der Talmud Maleachi in den meisten Fällen als Eigennamen auf und stellt ihn in die Reihe der anderen Propheten wie Daniel, Haggai oder Sacharja. Die lateinische Vulgata und die syrische Peschitta übersetzen Maleachi ebenfalls als Eigennamen, dies tut auch die Septuaginta, allerdings nur in der Überschrift zum Buch. In Kapitel 1,1 übersetzt sie dann mit „mein Bote".[3]
Sowohl Gerhard Maier als auch Helmuth Egelkraut folgen in ihren Auslegungen der Annahme, dass es sich bei Maleachi um den Eigennamen des Propheten handelt. Diese Annahme wird auch im Folgenden für die Ausarbeitung übernommen und Maleachi als Eigenname des Propheten betrachtet.
Außerhalb seines Namens, der ja auch schon umstritten ist, muss zunächst nüchtern betrachtet festgestellt werden, dass über den Propheten keine direkten Daten bekannt sind. Damit befindet er sich in der Gesellschaft weiterer kleiner Propheten wie Obadja und Habakuk. Jedoch lassen sich aus seinem Buch indirekt einige Rückschlüsse über den Propheten ziehen. Dass es sich bei Maleachi um einen wahren Propheten handelt, zeigt nicht zuletzt der Talmud der ihn in eine Linie mit Daniel, Haggai und Sacharja stellt. Maleachi wird zudem ein Schriftgelehrter gewesen

---

[1] Vgl. Stamps Studien Bibel, Züricher Bibel, Fassung von 2007, Zürich 2007, 1605.
[2] Vgl. G. Maier, Der Prophet Haggai und der Prophet Maleachi, Reihe: Altes Testament, Wuppertal 1985, 97.
[3] Vgl. G. Maier, Der Prophet Haggai und der Prophet Maleachi, a.a.o., 97-98.

sein, denn nach Mal. 3,22 *„Gedenkt an das Gesetz meines Knechtes Mose,"* unterweist er das Volk in der Schrift. Der auffallende Diskussionsstil bei Maleachi erinnert stark an die Schule der Schriftgelehrten, die zur damaligen Zeit entstand. G. Maier hält es daher für möglich, dass Maleachi vielleicht sogar ein Gründer dieser Schulen war.
Diskutabel ist, ob Maleachi auch ein Priester war. Die Tatsache, dass er sich in Mal. 1,6-2,9 an die Priester richtet muss nicht zwangsläufig bedeuten, dass er auch selber einer war. Jedoch gehörte die Schriftgelehrsamkeit und das Priestertum zur damaligen Zeit eng zusammen, weshalb die Annahme nicht abwegig ist, dass Maleachi, wie Jeremia oder Hesekiel, ebenfalls ein Priester war. Weitere Angaben über seine Herkunft oder seinen Lebenslauf lassen sich leider nicht machen.[4]

3. **Das Buch Maleachi**

3.1. Abfassungszeit und Situation

In der Forschung wird die Abfassungszeit des Maleachi-Buchs sehr unterschiedlich datiert. Das Buch selber lässt jedoch einige Rückschlüsse darauf zu, wann Maleachi gewirkt hat. So existiert der zweite Tempel bereits (vgl. Mal. 1,7ff; 2,13), der 515 v.Chr. fertiggestellt wurde. Die weltliche Gewalt im Land Juda liegt bei einem Gouverneur/ Stadthalter (Mal. 1,8). Die Perser hatten Juda also noch unterworfen (Ende 332 v.Chr.) Die Zeit des Maleachi liegt also zwischen 515 v.Chr. und 332 v.Chr. Maleachi beklagt in seinem Schreiben, ähnlich wie Esra und Nehemia, die Missstände im Volk und dessen Haltung gegenüber Gott und den Geboten. Die Reformen, die Nehemia und Esra vollzogen, scheinen also noch nicht stattgefunden zu haben. Die Tatsache, dass Maleachi die Samaritaner nicht erwähnt, lässt vermuten, dass diese sich noch nicht endgültig abgespalten hatten (450 v.Chr.). Diese Hinweise, die das Buch inhaltlich bietet, lassen G. Maier vermuten, dass Maleachi etwa in der Zeit von 480-450 v.Chr. gewirkt haben muss. Ob Maleachi selber oder einer seiner Schüler das Buch verfasst hat, lässt sich nicht sagen. Angenommen wird jedoch, dass das Buch in zeitlicher Nähe zum Wirken des Propheten Maleachi endstanden ist.[5]
H. Egelkraut dagegen datiert die Schriften auf die Zeit nach Esra und Nehemia und verweist darauf, dass die Thora Moses wieder gelesen wurde, und die Abgaben des Zehnten erfolgten, welche durch Esra und Nehemia wiedereingeführt worden waren. H. Egelkraut hält es durchaus für möglich, dass nach der Erneuerung durch Esra und Nehemia wieder eine Zeit des Verfalls kam, wie es in Juda und Jerusalem so oft der Fall war. So datiert er Maleachi um das Jahr 400 n.Chr.[6]
Zu dieser Zeit also war Juda eine Satrapie der Perser. Die Juden lebten hauptsächlich in drei großen Zentren: In Ägypten, in Persien/Babylonien und eben in der Provinz Juda um Jerusalem. Der Tempel war zur Zeit von Maleachi wiederaufgebaut, aber das Volk erholte sich nur langsam von der Verwüstung, die unter Babylon stattgefunden hatte. Die Mauer um Jerusalem war noch nicht wiedererrichtet worden und so sah sich die Stadt Angriffen schutzlos gegenüber. Innerhalb der Stadt gab es immer wieder korrupte Stadthalter, die nur auf ihren eigenen Gewinn aus waren.[7]
Auch „die Priester kamen ihrem Auftrag der Unterweisung des Volks nicht nach „und haben viele zu Fall gebracht durch falsche Weisungen" (Mal. 2,1-9.7)[8]. So waren die Sorgen und Nöte und auch die Sünde im Volk groß. Die Zeit der Aufbruchstimmung und des Nach-Vorne Sehens

---

[4] Vgl. ebd., 98-99.
[5] Vgl. G. Maier, Maleachi, Buch, in: Das große Bibellexikon, Witten ²2009,916-917,916.
[6] Vgl. H. Egelkraut, Das Alte Testament. Entstehung- Geschichte- Botschaft. Gießen ⁵2012, 1212.
[7] Vgl. G. Maier, Maleachi, Buch, in: Das große Bibellexikon, Witten ²2009,916-917,917.
[8] H. Egelkraut, a.a.o., 1210.

die noch unter Haggai und Sacharja geherrscht hatte, scheint vorbei. Zwar berichtet Maleachi nichts von politischen oder militärischen Konflikten, jedoch machen Missernten und andere Notlagen den Menschen zu schaffen. Diese führen zu Frustration und Resignation, Weinen und Klagen sowie Skepsis unter den Menschen.[9]

Das Buch Maleachi hat das Mosaische Gesetz als Grundlage. Es steht in einer Reihe mit den vorexilischen Propheten und besitzt dabei eine besonders enge Beziehung zum Buch Hesekiel. Diese Verbindung ist so eng, dass man Maleachi wohl als Anhänger oder Schüler von Hesekiel sehen kann.[10]

Maleachi bildet den Schluss der Zwölfprophetenbücher und beschließt das Ende der Prophetie in Israel.

3.2. Einordnung in den Kanon

„Die Maleachi-Schrift bildet in der hebräischen Bibel den Abschluss der beiden ersten Kanonteile aus Tora und Prophetie."[11] Es steht am Ende der 12 Prophetenbücher und aufgrund der inhaltlichen Bezüge von Maleachi kann davon ausgegangen werden, dass dieser die Bücher von Jesaja, Jeremia, Ezechiel sowie die fünf Bücher Mose kannte. Dass Maleachi den Schluss des Alten Testamentes bildet, ist dabei erst seit der im 19. Jh. populär werdenden apokryphenlosen Bibelübersetzung der Fall. Der hebräischen Bibel folgen noch den 12 kleinen Propheten die Schriften, es schließen also die Psalmen an. Die Septuaginta ordnet die 12 kleinen Propheten an den Anfang der Prophetischen Schriften. Nach Maleachi folgen hier Jesaja und Jeremia. In der Vulgata stehen die 12 Propheten zwar am Ende der Propheten- Bücher es folgt jedoch noch das erste und zweite Makkabäer-Buch. Luther setzte in seiner Übersetzung noch die apokryphen Schriften zwischen Maleachi und das Neue Testament. Die Abfolge von Maleachi und Matthäus ist relativ, gleichwohl unterstreicht sie die Aussagen von Maleachi in Bezug auf Johannes den Täufer.[12]

Trotz seines geringen Umfangs hat das Maleachi Buch eine hohe Bedeutung für das Neue Testament. Dies ist vor allem deswegen der Fall, da Maleachi in seinem Buch das Kommen des zweiten Elia ankündigt. Diese Voraussage erfüllt sich durch das Auftreten von Johannes dem Täufer, von dem alle vier Evangelien berichten. In Lk. 1,16f wird berichtet, wie der Engel des Herrn Johannes den Täufer als zweiten Elia ankündigt. Nicht zu Letzt sieht auch Jesus selber Johannes den Täufer als den zweiten Elia aus Maleachi (Bsp. Mk. 9,11; Mat. 14,10ff.) Neben dem Thema um den zweiten Elia finden sich auch anderer Bibelstellen im Neuen Testament wieder. Nestle-Aland geht in seiner Auflage von 1979 von 34 Versen aus, wobei angezweifelt werden kann, ob sich wirklich alle Stellen auf Maleachi beziehen.[13]

Im Römerbrief (Röm. 9,13) bezieht sich Paulus zudem auf Mal. 1,2f wenn er über die Erwählung Israels als erwähltes Volk spricht. Auch die Verbindung von Maleachi zur Offenbarung scheint plausibel (Mal. 3,2 -Offb. 6,17/ Mal. 3,16 – Offb. 3,5). Diese Tatsachen zeigen, dass sich sowohl die vier Evangelisten als auch Paulus und Jesus mit dem Maleachi-Buch beschäftigt haben und es studierten.[14]

---

[9] Vgl. ebd., 1210.
[10] Vgl. G. Maier, Maleachi, Buch, in: Das große Bibellexikon, Witten ²2009,916-917,917.
[11] Kessler, R..: Maleachi. Zenger, E (Hg.): HThK AT. Freiburg im Braisgau 2011,72.
[12] Vgl. ebd.,72-73.
[13] Vgl. G. Maier, Der Prophet Haggai und der Prophet Maleachi, a.a.o., 109-110.
[14] Vgl. ebd., 109-110.

3.3. Der Aufbau und Inhalt des Buches

[15]

I. Verurteilung von Israels Sünden (1,1-2,16)
A. Erinnerung an Gottes Liebe für Israel (1,1-5)
B. Zurechtweisung der Priester (1,6-2,9)
C. Zurechtweisung des Volkes (2,10-16)
II. Ankündigung von Israels Gericht und Segen (2,17-3,24)
A. Ankunft eines Boten (2,17-3,5)
B. Aufforderung zur Umkehr (3,6-12)
C. Israels Kritik gegen den Herrn (3,13-15)
D. Trost für den treuen Überrest (3,16-3,21)
E. Elias zweites Kommen (3,22-3,24)

Das große Thema des Maleachi-Buches bildet die Frage danach wie ein rechtes Leben vor Gott aussehen soll. Dabei sieht sich Maleachi immer wieder mit der Frage konfrontiert, ob es sich denn lohnt nach Gottes Regeln zu leben (Mal. 2,17; 3,14). Maleachi geht es stark um das Leben im „Hier und Jetzt", während der Blick auf die Endzeit eher zweitrangig ist.

Die Kulthandlungen

Die Opfer im Tempel finden zwar noch statt, sie haben aber vor allem eine Identifikationsaufgabe für das, aus der Verschleppung zurückgekehrte, Volk. Der Verlust der Ehrfurcht vor Gott führt zu minderwertigen Opfern und einer falschen Haltung der Opfernden. Diesen Vorwurf macht Gott seinem Volk an mehreren Stellen in der Bibel. Gott geht es nicht um das Opfer an sich, sondern um die Haltung des Opfernden. Das zeigt sich etwa in Mal. 1,10: „*Ich habe kein Gefallen an euch, spricht der HERR Zebaoth, und das Opfer von euren Händen ist mir nicht angenehm.*"[16]

Maleachi vergleicht dabei sogar das Opferverhalten der Israeliten mit dem anderer Völker und zeigt dabei auf, dass selbst dort, Gott mehr Achtung entgegenbringen als sein eigenes Volk (Mal. 1,11). Dieser Verweis auf die gläubigen Heiden erinnert dabei an das Buch Jona (Jona 1,14-16; 3,5ff). Besondere Kritik übt Maleachi dabei an den Priestern. Ihre Aufgabe ist es, in besonderer Weise das Volk in der Schrift und den Geboten Gottes zu unterweisen. Dieser sehr wichtigen Aufgabe kommen sie jedoch nicht nach und werden daher von Gott öffentlich zurechtgewiesen (Mal. 1,8).[17]

Ehe

Ein weiteres Thema und Problem, das Maleachi anspricht, ist die Ehe zu nichtjüdischen Frauen. Dass es Gott dabei nicht um die Person an sich, sondern um den Glauben, dem sie angehört, geht wird in Mal. 2,11 deutlich, wenn es dort heißt: „*und hat die Tochter eines ausländischen Gottes geheiratet.*"[18] Die Gefahr einer solchen Ehe lag darin, dass die jüdischen Männer dazu verleitet werden, andere Götter zu verehren. Dass dies immer wieder ein Problem unter den Juden war zeigt sich wohl am Prominentesten in der Vielweiberei des Königs Salomo. Auch der ansonsten vor Gott weise und rechte König verfiel den ausländischen Frauen, was Gott missfiel (1. Kön. 11). Das Problem der Heirat einer ausländischen Frau führt zu einem zweiten Problem, nämlich der Scheidung mit der bisherigen Ehefrau (Mal. 2,13-16). Maleachi tritt hier grundsätzlich für Monogamie ein. Nicht ganz eindeutig ist jedoch welche Meinung Maleachi

---

[15] Vgl. Maleachi, verfügbar über: ftp://bitflow.dyndns.org/german/JohnMacArthurStudienbibel AlteRechtschreibung/39-Das_Buch_Des_Propheten_Maleachi.pdf Datum des Zugriffs 01.05.2017.
[16] Vgl. R. Rendtorff, a.a.o., 287-288.
[17] Vgl. ebd., 288.
[18] Elberfelder Studienbibel, mit Sprachschlüssel und Handkonkordanz, Witten ⁶2009.

zur Ehescheidung hat. Dies liegt an der kurzen Formulierung die er in Mal. 2,16 gebraucht (wenn hassend, entlasse). Alle antiken Texte interpretieren diese Stelle in dem Sinne, dass ein Mann seine Frau entlassen kann, wenn er sie hasst (nicht mehr liebt), im Sinne von Dtn. 22;24. Viele neuere Ausleger verstehen diese Stelle jedoch genau gegenteilig, nämlich dass Gott derjenige ist, der die Scheidung hasst.[19]

Der Tag des Herrn

Im dritten Teil des Buches wendet sich Maleachi gegen das zynische Reden der Leute, die behaupten, dass es Gott offensichtlich gefällt, wenn die Menschen Böses tun, denn diesen Menschen geht es gut und sie leben im Wohlstand. Maleachi macht, wie schon die Propheten vor ihm, deutlich, dass Gott sich eines Tages zum Gericht offenbaren wird, um die Menschen zu richten. An jenem Tag wird Gott Gerechtigkeit schaffen und das Unrecht vergelten. Auch wenn Maleachis Gegenüber nicht hören wollen, so folgt doch der Aufruf Gottes zur Umkehr in Mal. 3,7: *Kehrt um zu mir! Und ich kehre um zu euch, spricht der HERR der Heerscharen. Ihr aber sagt: "Worin sollen wir umkehren?"* [20]. Diesen Aufruf finden wir zuvor auch schon in Sacharja 1,3. In seinen Mahnungen und Verheißungen über den Tag des Herren steht Maleachi in einer Linie mit Sacharja und Haggai. Maleachi betont, dass es nicht nutzlos ist dem Herrn zu gehorchen, sondern dass Gott sie in ein Buch schreiben wird und ihrer am Tag des Herren gedenken wird.[21]

Das zweite Kommen Elias

Den Schluss des Buches bildet die die prophetische Vorausschau über das zweite Kommen Elias in Mal. 3,23f, das vor dem Kommen des Herrn steht. Diese Vorrausage stellt nun auch Thematisch eine enge Verbindung zum Neuen Testament dar. So erfüllt sich das zweite kommen Elia in der Person von Johannes den Täufer über den das Neue Testament spricht.[22] Ein genauerer Biblischer Befund dazu erfolgt unter *„3.4 Theologie des Buches"*.

3.4. Theologie und Botschaft des Buches

H. Egelkraut Beschreibt die Theologie des Buches Maleachi in sechs Punkten von denen fünf an dieser Stelle betrachtet werden sollen. Der fehlende sechste Punkt stellt das Thema Ehe und Ehescheidung dar, welches bereits unter Punkt 3.3 betrachtet wurde und deshalb hier nur namentlich erwähnt werden soll.

1. Jahwe, Herr der Heerscharen

Die häufigste Bezeichnung Gottes im Buch Maleachi ist *„Jahwe Zebaoth" (Jahwe, Gott der Heerscharen)*. Der Ausdruck ist dabei nicht ganz klar und kann dreierlei mögliche Bedeutungen haben. Da der Begriff oft in Verbindung mit den „Kriegen Jahwes" steht, könnte er meinen *„Herr der Streitkräfte Israels"*. Andere Ausleger wie z.B. G. Maier sehen den Namen in Verbindung mit den himmlischen Heerscharen und verstehen darunter den Herrn der himmlischen Heerscharen über die Engel und Gestirne. In einer dritten Möglichkeit weist W. Eichrodt darauf hin, dass es sein kann, dass sich das „sebaot" gar nicht auf eine bestimmte „Schar" bezieht, sondern vielmehr alle Mengen und Massen an irdischen und himmlischen Wesen umfasst. Folgt man dieser Annahme, so wäre eine passende Übersetzung: Gott, der Allmächtige/ der Allherrscher. Dass Gott hier am Ende des AT noch einmal als der Allmächtige bezeichnet wird, ist dabei kein Zufall. Juda ist nur noch ein kleiner unbedeutender Fleck

---

[19] Vgl. R. Rendtorff, a.a.o., 288-289.
[20] Elberfelder Studienbibel, mit Sprachschlüssel und Handkonkordanz, Witten ⁶2009.
[21] Vgl. R. Rendtorff, a.a.o., 288-289.
[22] Vgl. ebd., 917.

inmitten eines persischen Großreiches. Der Name erinnert das Volk Gottes daran, dass der Gott Israels der Allmächtige ist, der, dem am Ende alle Menschen im Gericht begegnen müssen.[23]

2. Ist Jahwe gerecht?

Auffallend im Buch Maleachi ist der Diskussionsstil, also Frage- und Antwortdialog, der häufig verwendet wird. Dieser ist typisch für die Schule der jüdischen Schriftgelehrten, welche ihren Anfang in der Zeit von Maleachi hatte. Vermutlich war Maleachi selbst ein Mitbegründer dieser Schule in der nachexilischen Zeit, auf die dann auch Nehemia und Esra zurückgreifen.[24]
Durch diese Form der Konversation entsteht der Eindruck, als würden Gott und das Volk persönlich miteinander sprechen, da sie Worte wie „ich" und „wir" verwenden. Diese Abfolge von Fragen und Antworten findet sich ganze 23-mal im Buch.[25]
Dabei wird deutlich, dass Jahwe angeklagt wird. So wird zum einen die Liebe Gottes zu seinem Volk in Frage gestellt: „Woran sehen wir, dass du uns liebst?" (Mal. 1,2), als auch seine Gerechtigkeit, wenn sie fragen: „Wo ist Gott, der straft?" (Mal. 2,17). Die Menschen beschweren sich, dass es egal sei welche Qualität die Opfer hätten, denn den Bösen gehe es gut und den Rechtschaffenen schlecht. In dem Dialog, den der Text zeichnet, antwortet Gott auf diese Anschuldigungen. Wie bereits schon zuvor festgestellt wurde, ist Jahwe „Gott der Allmächtige". Wenn er sein Gericht zurückhält, dann nicht, weil er Unrecht ungestraft lässt, sondern weil er den Menschen Zeit zur Umkehr geben möchte. So heißt es in Mal. 3,7 „...*kehrt um zu mir, so will ich zu euch umkehren, spricht der HERR Zebaoth...*". Die zweite Form von Antworten bezieht sich auf die Verpflichtungen, die das Volk Gottes ihm gegenüber hat. Ja, Gott hat Israel erwählt und ihm eine besondere Rolle in der Geschichte gegeben, aber nicht bedingungslos. Jahwe erwartet Ehrfurcht (Mal. 1,6) und Treue (Mal. 2,15f) von seinem Volk. Alles, was das Volk Israel ausmacht, kommt von Gott, daher schuldet es ihm Dank. Ein Dank, der sich auch im Geben des Zehnten zeigt - als Gabe an Gott (Mal. 3,10).[26]
Dass Gott keineswegs das Unrecht übersieht, macht er am Ende deutlich, wenn er beschreibt, wie jene, die ihn fürchten, eingetragen werden in das Gedenkbuch, um sich ihrer zu erbarmen (Mal. 3,16-20). Auch schweigt das Buch nicht darüber, was mit jenen geschieht, die sich gegen Gott stellen. Sie werden vergehen wie Stroh in einem Feuerofen. Gott macht deutlich, dass die Frage nach der Gerechtigkeit (Theodizeefrage) nicht hier auf Erden gelöst wird sondern am Ende aller Tage.[27]

3. Der Vorläufer

Wie schon unter „3.3 Aufbau und Inhalt des Buches" beschrieben, kündigt Maleachi ein zweites Kommen des Propheten Elia an. Zwar sprach auch schon Jesaja von einer Stimme in der Wüste, die rufen wird: „In der Wüste bereitet den Weg für Jahwe" (Jes. 40,3), doch alleine Maleachi nennt ihn beim Namen. Zwar bezeichnet er ihn zunächst in Mal. 3,1 noch als „meinen Boten", in Mal. 3,23 ist jedoch dann von Elia die Rede. Dass die Erwartung eines zweiten Kommens des Elia keine unbedeutende Randnotiz ist, zeigen sowohl Belege aus Qumran, als auch die Tatsache, dass die Schriftgelehrten aus Jerusalem Johannes den Täufer fragen, ob er der zweite Elia sei (Joh. 1,21). Zwar redet Johannes der Täufer nicht selber von sich als dem zweiten Elia, aber die Worte Jesu lassen keine Zweifel daran: „Doch ich sage euch: „...Elia ist schon gekommen, doch sie haben ich nicht erkannt..."(Mt. 17,10-13)[28]

---

[23] Vgl. H. Egelkraut, a.a.O., 1216.
[24] Vgl. G. Maier, Maleachi, Buch, in: Das große Bibellexikon, Witten ²2009,916-917, 917.
[25] Vgl. Stamps Studien Bibel, Züricher Bibel, Fassung von 2007, Zürich 2007, 1607.
[26] Vgl. H. Egelkraut, a.a.O., 1217.
[27] Vgl. H. Egelkraut, a.a.O., 1217-1218.
[28] Vgl. ebd., 1218-1219.

4. Maleachi und die Völker

Gott hat das Volk Israel zwar erwählt, jedoch beschränkt sich sein Wunsch zur Errettung der Menschen nicht auf die Juden. Der einzig wahre Gott, der Allmächtige, will, dass alle Menschen ihn anbeten. Seine Macht und Stärke soll vor Israel aus offenbar werden, so heißt es in Mal. 1,5: *„ ...Der HERR ist herrlich über die Grenzen Israels hinaus."* Das Gericht Gottes und sein Handeln betreffen alle Völker dieser Erde. Diese Tatsache beschreiben auch schon die anderen Propheten wie Joel, Zefanja und Sacharja. Das Volk Israel jedoch widersetzt sich Gott, wie damals an der Grenze zum verheißenen Land. Damals sagte Gott aus: *„Jedoch, so wahr ich lebe und von der Herrlichkeit des HERRN die ganze Erde erfüllt werden wird: ..."* (Num.14,21) und so ähnlich klingt es nun am Ende des Alten Testamentes, denn wieder wendet sich das Volk von ihm ab und Gott richtet den Blick auf die Heiden und sagt:[29]

Denn vom Aufgang der Sonne bis zu ihrem Niedergang soll mein Name groß werden unter den Heidenvölkern, und überall sollen meinem Namen Räucherwerk und Gaben, und zwar reine Opfergaben, dargebracht werden; denn groß soll mein Name unter den Heidenvölkern sein!, spricht der HERR der Heerscharen. (Mal. 1,11)

5. Bringt den Zehnten in voller Höhe in mein Vorratshaus (Mal. 3,10)

Zum Abschluss des Alten Testamentes wird in Maleachi noch einmal das Thema das Zehnten zur Sprache gebracht. Die Abgabe des Zehnten war dabei schon seit frühester Zeit Ausdruck dafür, dass Jahwe der Gott Israels sei. Abraham leistete Melchizedek den Zehnten und auch Jakob gelobte Gott, von allem den Zehnten zu geben. Die Abgabe des Zehnten von allem, auch der Ernte, sagt aus, dass das Volk das Land, in dem es lebte, von Gott empfing und ihm deshalb zu Dank verpflichtet war. Zur Zeit Maleachis jedoch versuchten die Menschen bei der Abgabe des Zehnten zu betrügen und betrogen somit auch Gott, denn sie taten so, als würden sie die Gebote Gottes erfüllen (Mal. 3,6-12).

Die ersten Christen zur Zeit der Urgemeinden übernahmen die Zehntenabgabe der Juden nicht, gleichwohl war es für sie selbstverständlich sich um die Bedürftigen zu kümmern, wie es auch die Juden mit einem Teil des Zehnten taten. In Folge der Reformation hielt der Zehnte als geistliches Prinzip Einzug in die Gemeinden und ermöglichte umfangreiche missionarische und diakonische Arbeit auf der ganzen Welt. Zuletzt hält Gott auch eine Verheißung bereit für alle jene, die den Zehnten geben:

„ ...Und prüft mich doch darin, spricht der HERR der Heerscharen, ob ich euch nicht die Fenster des Himmels öffnen und euch Segen ausgießen werde bis zum Übermaß." (Mal. 3,10)

4. Die Bedeutung des Buches für die Gegenwart

Das Buch von Maleachi führt in der heutigen Zeit eher ein Schattendasein. Zwar finden einzelne Aussagen wie „das reine Opfer der Völker" oder die Worte über den zweiten Elia immer wieder Beachtung, das Buch als Ganzes jedoch spielt keine große Rolle. Bezeichnend dafür ist z.B. auch der Umstand, dass das Buch Maleachi aktuell nicht Teil der Predigttexte in der Evangelischen Landeskirche ist. Es ist anzunehmen, dass Texte, die in der Liturgie eine geringere Rolle spielen, auch unter den Gläubigen einen kleineren Stellenwert haben bzw. weniger Beachtung finden.[30]

Auch kam und kommt es immer wieder zu Kritik am Maleachi-Buch. Diese Kritik bezieht sich dabei im Wesentlichen auf zwei Punkte. Der erste Punkt ist eine gewalttätige Rhetorik im Buch. Beispiele hierfür sind die Vernichtungsandrohungen gegen Esau (Mal 1,3-4), die Drohung

---

[29] Vgl. ebd., 1219-1220.
[30] Vgl. Kessler, R..: Maleachi. Zenger, E (Hg.): HThK AT. Freiburg im Braisgau 2011,87.

gegen die Priester ihnen ihren Unrat der Feste ins Gesicht zu werfen (Mal 2,3) sowie die Androhung der kommenden Vernichtung am Ende des Buches (Mal 3,24). Der zweite Kritikpunkt richtet sich gegen patriarchalisches Denken und das Bild des Sohnes, der seinem Vater bedingungslos gehorchen soll (Mal 1,6; 2,10; 3,17).[31]

Bei dieser Kritik an dem Maleachi-Buch sollte jedoch bedacht werden, dass diese natürlich auch in ähnlicher Form auf viele weitere Teile und Bücher der Bibel zutrifft. Trotz der geringen Beachtung des Buches und der stellenweisen Kritik bietet das Buch dem Leser relevante Themen für die gegenwärtige Zeit.

Die Menschen, die damals nach Jerusalem zurückkehrten, stellten nicht ein bekehrtes hingegebenes Volk dar. Natürlich wird es einige gläubige Juden gegeben haben, die treu an Gott festhielten, aber der Großteil von ihnen kannte vermutlich nur eine äußerliche Zugehörigkeit zu Gott, nicht aber die einer Herzenszugehörigkeit. Auch heute stehen Kirchen, Gemeinden und jeder einzelne Mensch vor der Frage mit welcher Haltung, Hingabe und Ernsthaftigkeit man Gott gegenübersteht. Das Maleachi-Buch zeigt deutlich, dass bloße Rituale und Äußerlichkeiten für Gott keinen Wert haben, so sagt er in Mal. 1,10: *„Ich habe kein Gefallen an euch, spricht der HERR Zebaoth, und das Opfer von euren Händen ist mir nicht angenehm."*[32][33]

Auch die Thematik des zweiten Kapitels, Ehe und Ehescheidung, erfährt in der heutigen Zeit neue Aktualität. Die Praktik, sich scheiden zu lassen und seine/n Ehefrau/mann zu verlassen, wenn man einen neuen Partner gefunden hat, ist auch heute wieder gang und gebe. Der Ehe wird der Anspruch auf eine lebenslange, vor Gott geschlossene, Partnerschaft genommen und durch die Treulosigkeit des Menschen aufgelöst. Maleachi macht deutlich welche Haltung Gott zu diesen Praktiken hat.[34]

Zuletzt scheinen auch die Reden aus dem dritten Teil des Buches wie aus der heutigen Zeit zu stammen. Die Menschen klagen Gott an und fragen ihn, was es denn bringen würde, wenn sie nach seinen Geboten leben würden, schließlich ginge es den Heiden doch augenscheinlich besser (Mal 3,13-15). Die verkürzte Sicht des Menschen auf das Leben auf der Erde und die Stillung der persönlichen Bedürfnisse steht auch heute für viele Menschen im Zentrum ihres Lebens. Daher versucht Gott den Blick der Menschen auf die Ewigkeit und seine Wiederkunft zu richten.[35]

5. Fazit

Der bekannteste Inhalt des Buches Maleachi ist mit Sicherheit die Ankündigung über das zweite Kommen Elias am Ende des Buches, welche sich durch Johannes den Täufer erfüllt. Man sollte jedoch nicht den Fehler machen und das Buch alleine auf diese Aussage reduzieren. Die Betrachtung des *„Inhaltes des Buches"* und seiner *„Bedeutung für die heutige Zeit"* hat gezeigt, dass Maleachi noch weitere wichtige Themen in seinem Buch anspricht. So sind Themen, wie die rechte Haltung vor Gott, Ehe und Ehescheidung oder der persönliche Nutzen eines Lebens nach Gottes Geboten wichtige Fragen in heutigen Gemeinden und Kreisen, zu welchen Maleachi in seinem Buch Stellung bezieht.

---

[31] Vgl. ebd., 87.
[32] Elberfelder Studienbibel, mit Sprachschlüssel und Handkonkordanz, Witten ⁶2009.
[33] Vgl. K. Sander, Vortrag über den Propheten Maelachi, verfügbar über: https://www.bibelkommentare.de/index.php?page=comment&comment_id=434&structure_id=694 Datum des Zugriffs 01.05.2017.
[34] Vgl. K. Sander, ebd., Datum des Zugriffs 01.05.2017.
[35] Vgl. K. Sander, ebd., Datum des Zugriffs 01.05.2017.

6. Literaturverzeichnis

- **Bücher:**

Maier, G. Maleachi, Buch, in: Burkhardt H., F. Grünzweig u. F. Lauterbach (Hg.): Das große Bibellexikon. Witten: CSM R. Brockhaus, ²2009. 916-917.

Egelkraut, H. (Hg.) Das Alte Testament. Entstehung- Geschichte- Botschaft. Gießen ⁵2012. Brunnen Verlag Gießen.

Elberfelder Studienbibel. Mit Sprachschlüssel und Handkonkurdanz. Witten: SCM R. Brockhaus, ⁶2009.

Kessler, R..: Maleachi. Zenger, E (Hg.): HThK AT. Freiburg im Braisgau: Verlag Herder GmbH, 2011.

Maier, G.: Der Prophet Haggai und der Prophet Maleachi. Maier, G., A. Pohl (Hg.): Wuppertaler Studienbibel. Reihe: Altes Testament. Wuppertal: R. Brockhaus Verlag Wuppertal, 1985.

Rendtorff, R. (Hg.): Theologie des Alten Testaments: ein kanonischer Entwurf. Band 1. Kanonische Grundlegung. Neukirchen-Vluyn: Neukirchener Verlag, 1999.

Zullig A. (Hg.): Stamps Studien Bibel. Züricher Bibel. Fassung von 2007. Zürich: Züricher Bibel/Theologischer Verlag Zürich, 2007.

- **Internet:**

Sander, K., Vortrag über den Propheten Maelachi. verfügbar über: https://www.bibelkommentare.de/index.php?page=comment&comment_id=434&structure_id=694 Datum des Zugriffs 01.05.2017.

BEI GRIN MACHT SICH IHR WISSEN BEZAHLT

- Wir veröffentlichen Ihre Hausarbeit, Bachelor- und Masterarbeit

- Ihr eigenes eBook und Buch - weltweit in allen wichtigen Shops

- Verdienen Sie an jedem Verkauf

Jetzt bei www.GRIN.com hochladen und kostenlos publizieren